BEI GRIN MACHT S
WISSEN BEZAHLT

- Wir veröffentlichen Ihre Hausarbeit,
  Bachelor- und Masterarbeit

- Ihr eigenes eBook und Buch -
  weltweit in allen wichtigen Shops

- Verdienen Sie an jedem Verkauf

Jetzt bei www.GRIN.com hochladen
und kostenlos publizieren

Bibliografische Information der Deutschen Nationalbibliothek:

Die Deutsche Bibliothek verzeichnet diese Publikation in der Deutschen National-
bibliografie; detaillierte bibliografische Daten sind im Internet über http://dnb.d-
nb.de/ abrufbar.

Impressum:

Copyright © 2009 GRIN Verlag, Open Publishing GmbH
Druck und Bindung: Books on Demand GmbH, Norderstedt Germany
ISBN: 9783640621569

Dieses Buch bei GRIN:

http://www.grin.com/de/e-book/150353/lesefoerderung-in-der-unterstufe-der-
sekundarstufe-i

Stefan Rohde

Leseförderung in der Unterstufe der Sekundarstufe I

Zur Erschließung von Sachtexten mit Lesestrategien

GRIN Verlag

GRIN - Your knowledge has value

Der GRIN Verlag publiziert seit 1998 wissenschaftliche Arbeiten von Studenten, Hochschullehrern und anderen Akademikern als eBook und gedrucktes Buch. Die Verlagswebsite www.grin.com ist die ideale Plattform zur Veröffentlichung von Hausarbeiten, Abschlussarbeiten, wissenschaftlichen Aufsätzen, Dissertationen und Fachbüchern.

Besuchen Sie uns im Internet:

http://www.grin.com/

http://www.facebook.com/grincom

http://www.twitter.com/grin_com

Leseförderung in der Unterstufe der Sekundarstufe I

Zur Erschließung von Sachtexten mit Lesestrategien

Schriftliche Hausarbeit

für die Bachelorprüfung der Fakultät für Philologie

an der Ruhr-Universität Bochum

(Gemeinsame Prüfungsordnung für das Bachelor/Master-Studium)

im Rahmen des 2-Fach-Modells an der RUB vom 7.01.2002

vorgelegt von

Stefan Rohde

Inhaltsverzeichnis

1 Einleitung

„Wer zu lesen versteht, besitzt den Schlüssel zu großen Taten, zu
ungeträumten Möglichkeiten, zu einem berauschend schönen, sinnerfüllten
Leben."

(Aldous Huxley)[1]

Mit diesem Zitat hat die damalige Bundesministerin für Familie, Senioren,
Frauen und Jugend Renate Schmidt die Frankfurter Buchmesse 2004
eröffnet. Die Frage danach, ob Huxleys Ausspruch in multimedialen Zeiten
auf Bücher bezogen noch Gültigkeit besitzt, werden viele Schülerinnen und
Schüler[2], die sich mit der *schwierigen* Erlernung des *Lesens* konfrontiert
sehen, verneinen. Gerade, weil die heutigen SuS die Wahl zwischen dem
Medium Buch und anderen Medien wie z. B. Fernsehen, Hörbücher,
Internetapplikationen u.v.m. haben, scheint das Buch an sich häufig veraltet.
Dennoch steht außer Frage, dass erst schriftliche Medien den Leser zu einer
hohen Rezeptionstätigkeit führen, sodass die gelesenen Inhalte produktiver
in das mentale Modell des Lesers integriert werden.[3] Hier wird deutlich, dass
gerade die Sachtextrezeption von hoher Lesekompetenz profitiert. PISA
2000 hat gezeigt, dass die deutschen SuS häufig nicht in der Lage sind,
komplexe Texte selbstständig zu erlesen, zu bearbeiten und zu reflektieren.
Hier stellt sich die Frage nach Lösungsstrategien von Seiten der Institution
Schule.

Diese Arbeit entwickelt anhand der PISA-Ergebnisse Förderungsansätze,
durch die schon in Unterstufe der Sekundarstufe I, die Lesefähigkeit der SuS
gesteigert werden kann. Diese zu entwickelnde Leseförderung kann de facto

---

[1] Zitiert nach: Bundesministerium für Familie, Senioren Frauen und Jugend (2004): "Wer
liest, besitzt den Schlüssel zu großen Taten". Online verfügbar unter
http://www.bmfsfj.de/bmfsfj/generator/BMFSFJ/Service/Archiv/15-
Legislaturperiode/pressemitteilungen,did=20952.html, zuletzt aktualisiert am 07.10.2004,
zuletzt geprüft am 20.01.2009.

[2] aufgrund von Lese- und schreibökonomischen Gesichtspunkten verwende ich im
Folgenden die Abkürzung *SuS* anstelle der ausformulierten Wendung der *Schülerinnen
und Schüler.*

[3] vgl. Lange, Reinhardt: Die Lese- und Lernolympiade. Aktive Leseerziehung mit dem
Lesepass nach Richard Bamberger. Leitfaden für eine erfolgreiche Umsetzung. In: Lange,
Günter; Ziesenis, Werner (Hrsg.): Deutschdidaktik aktuell. Band 27. Schneider Verlag.
Hohengehren 2007, Seite 12 und Seite 24-32.

nur gelingen, wenn sich zunächst bewusst gemacht wird, welche Kompetenzbereiche *Lesen* eigentlich umfasst. Daran anknüpfend wird der Leseprozess unter Bezugnahme auf kognitive Prozesse dargestellt. Um das Sachtextverständnis zu fördern, muss nun abgegrenzt werden, was genau mit Sachtexten gemeint ist und wie sie sich von literarischen Texten unterscheiden.

Erst auf diese theoretischen Hintergründe aufbauend ist es sinnvoll, vorhandene Lesestrategien exemplarisch zu analysieren und zu kritisieren, woraufhin diese eigenen Leseförderungsansätze zum Sachtextverständnis entstehen können. Die Frage, mit der sich die vorliegende Arbeit beschäftigt ist demnach, auf welche Weise es gelingen kann, schulinterne Leseförderung zu betreiben und mit welchen Hilfsmitteln ein möglichst umfassendes Konzept zu realisieren ist.

2 Reading Literacy – Lesekompetenz

2.1 Empirische Grundlegung

Das *Programme for International Student Assessment* (PISA) hat es sich zum Ziel gemacht, regelmäßig zu überprüfen, „wie gut es den Schulen gelingt, SuS auf die Herausforderungen der Zukunft vorzubereiten"[4]. Um dieses Ziel, nämlich eine internationale Vergleichbarkeit von Schülerleistungen zu erreichen, muss zunächst deutlich werden, dass im Mittelpunkt der Untersuchung weniger das Faktenwissen der SuS, als vielmehr die **Überprüfung von Basiskompetenzen** steht, durch die erst eine Teilnahme am „gesellschaftlichen, wirtschaftlichen und politischen Leben in modernen Staaten"[5] möglich ist.[6] Aus diesem Grund werden in dreijährigen Zyklen jeweils die Kompetenzbereiche Lesekompetenz,

---

[4] Baumert, Jürgen et. al. (Hrsg.) (=Deutsches PISA-Konsortium): PISA 2000: Die Studie im Überblick. Grundlagen, Methoden und Ergebnisse. Max-Planck-Institut für Bildungsforschung. Berlin 2007, Online verfügbar unter http://www.mpib-berlin.mpg.de/pisa/PISA_im_Ueberblick.pdf zuletzt geprüft am 20.01.2009, Seite 2.
[5] ebd.
[6] vgl. ebd.

mathematische Grundbildung und naturwissenschaftliche Grundbildung an Schulen untersucht.[7]

Die folgenden Ausführungen beziehen sich auf die im Jahr 2000 durchgeführte PISA-Studie, die sich mit der Überprüfung der Lesekompetenz (*reading literacy*) befasst hat. Hier konnte festgestellt werden, dass die deutschen SuS insgesamt unter dem Mittelwert aller teilnehmenden Staaten abschnitten. Bemerkenswert ist dabei, dass die **Leistungsstreuung** in Deutschland relativ groß erscheint, also dass das Ergebnis der leistungsstarken SuS von dem der leistungsschwächeren stärker abweicht, als in anderen Ländern. [8] Auch wurde festgestellt, dass die Leistungen im Reflektieren und Bewerten von Texten besonders niedrig ausgeprägt sind.

Im Gegensatz zur PISA-Studie haben die SuS bei der Internationalen Grundschul- Lese-Untersuchung (IGLU) bessere Ergebnisse erzielen können.[9] Ob diese beiden Studien so leicht zu vergleichen sind, ist hier nicht zu entscheiden; bemerkenswert ist dennoch, dass die Grundschulausbildung anscheinend im erfolgreicher verläuft, als die der weiterführenden Schulen.[10]

Gleichwohl muss der Leistungsabfall laut der IGLU Ergebnisse im Übergang von der Grundschule zur Unterstufe der Sekundarstufe I stattgefunden haben, da dort die Basis für den weiteren Verlauf der Schulkarriere gelegt wird. Aus diesem Grund ist davon auszugehen, dass die Schüler der Unterstufe durch ihre Leistungen die Ergebnisse der PISA-Studie negativ beeinflussen.[11]

Nach den Ergebnissen der hier betrachteten Studien wird deutlich, dass deutsche SuS in ihrer Leseleistung teilweise noch **massive Probleme** aufweisen. Um die in den Untersuchungen erlangten Ergebnisse zu verstehen und schließlich Strategien zu entwickeln, die gegen die Leseschwäche einiger SuS angehen, ist es nötig, zuerst einen Kompetenzbegriff, auf dem alle aktuellen Studien basieren, abzugrenzen.

---

[7] vgl. ebd., Seite 3.
[8] vgl. Deutsches PISA-Konsortium: Überblick, Seite 8.
[9] vgl. Merkens, Hans: Lehrerbildung: IGLU und die Folgen. Leske + Budrich. Opladen 2004, Seite 11.
[10] vgl. ebd. Seite 11f.
[11] Hier ist auf mangelndes Evaluationsmaterial speziell für die Jahrgänge der Unterstufe der Sekundarstufe I hinzuweisen.

2.2 Kompetenzbegriff

Im Laufe der Unterrichtsgeschichte hat eine Entwicklung hinsichtlich der Lernziele stattgefunden. Anstatt den Wert auf den Erwerb reines Faktenwissens zu legen, hat sich das Interesse in Richtung **Kompetenzentwicklung** gewandelt. Thoma G. Sticht bezeichnet 1975 Lesekompetenz als „die sichere Verfügung über diejenigen Lesekompetenzen, die jemand braucht, um Aufgaben auszuführen, die von außen an der Leser herangetragen werden und die er mit seiner eigenen Zielsetzung behandelt."[12]

Durch diese Definition ist nicht nur der Kern, nämlich „ein vorhandenes Muster auf neue Stoffe oder auch Probleme übertragen zu können"[13] angesprochen, sondern beinhaltet sowohl die eigene Sinnkonstitution, als auch den Blick auf das eigene Berufsleben. PISA erweiterte diesen Begriff der Lesekompetenz um weitere Inhalte:

> „Lesekompetenz (*Reading Literacy*) heißt, geschriebene Texte zu verstehen, zu nutzen und über sie zu reflektieren, um eigene Ziele zu erreichen, das eigene Wissen und Potenzial weiterzuentwickeln und am gesellschaftlichen Leben teilzunehmen."[14]

Diese Definitionen des Lesekompetenzbegriffs zeigen deutlich, dass dieser Begriff mehr, als das bloße Lesen und Verstehen von Texten beinhaltet. Vielmehr wird signalisiert, dass die Anwendung auf höheren Ebenen als dem lokalen Text im Vordergrund steht oder zumindest Beachtung finden sollte. Damit ist PISA nach der Definition von *Reading Literacy* an der Auswertung der Untersuchungen im Hinblick auf lebenspraktische Anforderungen orientiert.[15]

---

[12] Willenberg, Heiner: Kompetenzen. In: Willenberg, Heiner: Kompetenzhandbuch für den Deutschunterricht. Auf der empirischen Basis des DESI-Projekts. Schneider Verlag. Hohengehren 2007, Seite 8.

[13] ebd.

[14] Organisation for the Economic Co-operation and Development (OECD) Literacy in the information age: Final report of the international adult literacy survey. OECD. Paris 2000. zitiert nach: Artelt, Cordula; Stanat, Petra; Schneider, Wolfgang; Schiefele, Ulrich: Lesekompetenz: Testkonzeption und Ergebnisse. In: Baumert, Jürgen et. al. (Hrsg.) (=Deutsches PISA-Konsortium): PISA 2000. Basiskompetenzen von Schülerinnen und Schülern im internationalen Vergleich. Leske + Budrich. Opladen 2001, Seite 80.

[15] vgl. Rosebrock, Cornelia: Lesesozialisation und Leseförderung – literarisches Leben in der Schule. In: Kämper van den Boogaart, Michael (Hrsg.): Deutsch Didaktik. Leitfaden für die Sekundarstufe I und II. Cornelsen Scriptor. Berlin 2003, Seite 166.

Heiner Willenberg definiert nach diesem Überblick demnach eine **Kompetenz** unter anderem als

> „selbstständig und intentional erarbeitet, [...] eine mittlere Anwendungsgröße, die auch für das Leben außerhalb der Schule wichtig ist, [...] bereichsspezifisch z.B. nur auf die Textlektüre oder auf das Schreiben bezogen, [...] dort auf neue Bereiche transferierbar, d.h. auf neue Texte oder Schreibaufgaben übertragbar [...]. Neben die kognitive Grundausstattung tritt auch die emotionale Beteiligung und die innere Bereitschaft zum kompetenten Agieren. "[16]

An diesem Punkt differenzieren die großen Schulleistungsuntersuchungen in Kompetenzstufen, um die einzelnen Schülerleistungen zu messen und damit entsprechend die Defizite erfassbar zu machen. Dies ist für die Förderung von Lesekompetenz äußerst wichtig, weil zunächst die Problembereiche der SuS **identifiziert** werden müssen. Nicht umsonst konnte durch PISA festgestellt werden, dass weniger „als 15 Prozent der Jugendlichen, die aufgrund ihrer Leistungsergebnisse in PISA als potenzielle Risikoschüler einzustufen sind, [...] von den Lehrkräften als solche erkannt [wurden]."[17]

Zunächst unterscheidet PISA im Rahmen der Untersuchung von Lese-kompetenz im Jahr 2000 in die Subskalen „Informationen ermitteln", „Text-bezogenes Interpretieren" und „Reflektieren und Bewerten". [18] Innerhalb dieser Leistungsbereiche wird zwischen fünf Stufen (I-V) differenziert. Ein Schüler, der die Kompetenzstufe V erreicht hat, ist in der Lage, „tief in einem Text eingebettete Informationen zu lokalisieren, auch wenn Inhalt und Form des Textes unvertraut sind und indirekt erschlossen werden müssen, welche Informationen zur Lösung der Aufgabe relevant sind".[19] Hingegen befinden sich auf Kompetenzstufe I diejenigen SuS, die in vertrauten Textarten nur explizit angegebene Informationen finden, die nicht durch irrelevante Informationen vom eigentlichen Textinhalt abgelenkt werden.[20]

Ist man sich als Lehrkraft nun dieser Stufen bewusst, stellt sich die Frage nach der Möglichkeit der **Einordnung von SuS** in dieses Schema. Um möglichst sinnvoll alle Abstufungen zu leisten, ist vor allem das Verständnis des kognitionstheoretischen Modells von Lesekompetenz unumgänglich. Hierbei wird zunächst erklärt, was *Lesen* im eigentlichen Sinne meint, also

---

[16] Willenberg: Kompetenzen, Seite 8.
[17] PISA-Konsortium: Überblick, Seite 10.
[18] vgl. PISA-Konsortium: PISA 2000, Seite 83.
[19] PISA-Konsortium: Überblick, Seite 7.
[20] vgl. ebd.

welche Ebenen beim Leseprozess miteinbezogen werden. Damit kann schließlich eine individuelle Förderung von SuS geschehen.

2.3 Kognitionstheoretisches Modell von Textverständnis

Die Lesekompetenz, die von PISA gemessen wird, umfasst besonders den Bereich der **kognitiven Fähigkeiten**. Neben diesem skizziert die Wissenschaft Lesekompetenz zusätzlich auch aus **motivational-subjektiver Beteiligung** und **Reflexion**.[21] Alle drei Schwerpunkte sollen zusammen genommen zu einem sogenannten *mentalen Modell* führen, durch das der Leser eine innere Repräsentation des Gelesenen erstellt und sich damit den Inhalt des Textes selbst bewusst und nach außen verständlich macht. Nach dieser Theorie „aktiviert die eingelesene propositionale Textinformation ein mentales Modell, das unter Rückgriff auf Vorwissensbestände sukzessive angereichert, verfeinert oder auch modifiziert wird"[22].

Der Teilbereich der motivational-subjektiven Beteiligung ist darzustellen als „die Fähigkeit des lesenden Subjekts, sich affektiv zu engagieren", „die Fähigkeit, Lesebereitschaft aufzubauen" und „die Fähigkeit, Lesebedürfnisse und -angebote aufeinander abzustimmen"[23].

Zusammenfassend ist hier der Begriff der **inneren Beteiligung** des Lesers zu wählen. Der lesekompetente Leser ist, durch seine innere Einstellung in der Lage, die später zu erläuternden kognitiven Fähigkeiten in einem langen Prozess des Lesenlernens auszubauen. Dieses *Lernen* benötigt nämlich gewissermaßen einen **Antrieb**, der dafür sorgt, dass der Wunsch zum Lesen besteht.

---

[21] vgl. Hurrelmann, Bettina: Prototypische Merkmale der Lesekompetenz. In: Groeben, Norbert; Hurrelmann, Bettina (Hrsg.): Lesekompetenz. Bedingungen, Dimensionen, Funktionen. Juventa Verlag. Weinheim und München ²2006, Seite 277f.

[22] Christmann, Ursula; Groeben, Norbert: Anforderungen und Einflussfaktoren bei Sach- und Informationstexten. In: Groeben, Norbert; Hurrelmann, Bettina (Hrsg.): Lesekompetenz. Bedingungen, Dimensionen, Funktionen. Juventa Verlag. Weinheim und München ²2006, Seite 155.

[23] Rosebrock, Cornelia: Reading Literacy und Lesekompetenz. Die kognitive Dimension des Lesens und die innere Beteiligung des Lesers. Online verfügbar unter http://www.lesen-in-deutschland.de/html/content.php?object=journal&lid=778, zuletzt aktualisiert am 23.11.2007, zuletzt geprüft am 20.01.2009.

Durch den dritten Teilbereich, nämlich den der **Reflexion**, wird das Lesen zu einem reflexiven Akt. „Individuelle Wissensbereiche bzw. Interessen und Textvorgaben [...] [passen] kaum bruchlos ineinander"[24], wodurch gerade die eigene Reflexion über das Textverständnis schon während des Leseprozesses aktiv angesprochen wird. Erst durch den gedanklichen Schritt der Reflexion über das Gelesene wird Anschlusskommunikation möglich, indem der Verstehensgehalt der Textaussagen durch eigenes Formulieren wiedergegeben und diskutiert werden kann. Cornelia Rosebrock beschreibt die Institution Schule sogar als „Institution zur Herstellung von Anschlusskommunikation an Texte".[25] Anschlusskommunikation ist demnach eine der elementaren Funktionen von Schule und sollte gerade in der Leseförderung nicht außer Acht gelassen werden.

Trotzdem die Teilbereiche Motivation und Reflexion entscheidend für den Begriff der Lesekompetenz und damit auch der Leseförderung scheinen, ist es in diesem Rahmen dringend notwendig, den Schwerpunkt auf den Kernbereich der kognitiven Lesetheorien zu legen. Erst durch das Verständnis dieser Komponente ist es überhaupt möglich, Leseförderung zu betreiben, da hierauf der elementare, praktisch-funktionale Aspekt von Lesen basiert. Außerdem ist anzumerken, dass dieser Gesichtspunkt die Basis verschiedener Lesestrategiemodelle bildet und somit für das Verständnis der jeweiligen Strategiefunktion unabdingbar ist.

Das kognitionstheoretische Modell, nach dem PISA das Leistungsvermögen der SuS misst, umfasst folgende Ebenen, die auf der Prozessebene des Lesens geschehen:

Ebene I	Wort-, Satzidentifikation
Ebene II	lokale Kohärenz
Ebene III	globale Kohärenz
Ebene IV	Superstrukturen erkennen
Ebene V	Darstellungsstrategien identifizieren[26]

---

[24] ebd.
[25] Rosebrock: kognitive Dimension des Lesens.
[26] vgl. Rosebrock, Cornelia; Nix, Daniel: Grundlagen der Lesedidaktik und der systematischen schulischen Leseförderung. Schneider Verlag. Hohengehren 2008, Seite 16.

Diese Ebenen an sich werden durch Christmann/Richter in die Prozessordnungen der *hierarchiehohen* und *hierarchieniedrigen* Prozesse nach van Dijk/Kintsch eingeordnet.[27]

Mit **hierarchieniedrigen Prozessen** sind die Abläufe während des Lesevorgangs gemeint, die auf relativ niedrigem Niveau arbeiten und bei geübten Lesern automatisiert ablaufen. Hierzu zählen zunächst **basale Wahrnehmungsprozesse**, die das Wahrnehmen und Verarbeiten von Graphemen zur Aufgabe haben. Erst daraus können Prozesse auf Wort- und Satzebene entstehen.

Prozesse auf **Wortebene** beinhalten sowohl den lexikalischen Zugriff, also die Zuordnung von Wortbedeutungen, als auch die Nutzung des Satzkontextes bei der Worterkennung.[28] Dem lexikalischen Zugriff „liegt die kognitionspsychologische Vorstellung zugrunde, dass Wortbedeutungen in Form eines mentalen Lexikons im semantischen Gedächtnis niedergelegt sind".[29] Hieraus lässt sich für Leseförderung folgern, dass die Vergrößerung des Wortschatzes – und damit des mentalen Lexikons – erhebliche Verständnisverbesserungen hervorruft.

Die zweite mit der Wortebene zusammenhängende Komponente, nämlich die Nutzung des Satzkontextes bei der Wortidentifikation, bezeugt einen Zusammenhang der Wortidentifikation mit dem jeweiligen Satzkontext. Leser, die in der Lage sind, die korrekte Semantik mit Hilfe des Satzkontextes herzustellen bzw. kontextunangemessene Bedeutungsaspekte zu unterdrücken, zeigen durchaus ein höheres Maß an Lesekompetenz.[30]

Auf **Satzebene** wird zusätzlich zu der Wortebene der gesamte Satz in den Sinnzusammenhang integriert. Dabei muss der Leser die grammatische Struktur des Satzes (automatisiert) erkennen: „Zum Beispiel muss für die Verbklammer des Deutschen von dem Prädikatsteil in der zweiten Position

---

[27] vgl. Christmann, Ursula; Richter, Tobias: Lesekompetenz: Prozessebenen und interindividuelle Unterschiede. In: Groeben, Norbert; Hurrelmann, Bettina (Hrsg.): Lesekompetenz. Bedingungen, Dimensionen, Funktionen. Juventa Verlag. Weinheim und München ²2006, Seite 28.
[28] vgl. Christmann; Richter: Prozessebenen, Seite 29.
[29] ebd., Seite 36.
[30] vgl. ebd., Seite 40.

bis zum Satzende eine Erwartungsspanne aufgebaut werden"[31], um dem Satz einen Sinngehalt zu entnehmen. Dieses Entnehmen eines Sinngehaltes in aufeinanderfolgenden Sätzen wird als **lokale Kohärenzbildung** bezeichnet. Mittels text- oder vorwissensbasierter Informationen werden hier semantische Relationen hergestellt.[32]

Somit sind die Ebenen der Wort- und Satzidentifikation und die Ebene der lokalen Kohärenzbildung in die hierarchieniedrigen, also automatisierbaren Prozesse einzugliedern. Gerade, weil diese Prozesse als Basis für das Verständnis komplexerer Textinhalte bzw. den Einsatz von hierarchiehohen Prozessen gesehen werden müssen, ist dieses Niveau unbedingt von allen SuS zu erreichen. Die in hierarchieniedrige und -hohe Prozessebenen unterteilten Komplexitätsstufen sind nach Ansicht der interaktiv-konnektionistischen Modelle nämlich nicht modulautonom, sondern laufen weitgehend parallel ab.[33] Dies bedeutet, dass SuS, die auf *hohem* Niveau Texte erarbeiten auf hierarchieniedrige Prozesse zurückgreifen. SuS hingegen, die Probleme auf Ebene der hierarchieniedrigen Prozesse aufweisen, vermögen auch nicht, komplexere Stufen zu erreichen.

Ein komplexeres Textverständnis ist demnach erst möglich, wenn neben hierarchieniedrigen auch **hierarchiehohe Prozesse** Verwendung finden. Diese höherstufigen Prozesse beziehen sich auf das strategisch-zielbezogene Lesen und sind demnach als aktive, durch bewusste Anstrengungen geleistete Prozesse zu beschreiben.[34]

Dabei ist die Bildung **globaler Kohärenz** zunächst entscheidend. Hierbei werden zusammenhängende Sinnabschnitte auf höherer Abstraktionsebene erfasst. So erstellt der Leser ein Organisationsschema des Textes, das durch den Begriff der **Makrostruktur** bezeichnet wird. Bei der Bildung von Makro-strukturen werden Regeln wie „Auslassen, Selegieren, Generalisieren, Konstruieren"[35] auf den Text angewendet, wodurch der Leser eine inhaltliche Gesamtvorstellung des Textes erhält. Dieser Prozess „erfolgt dabei ‚online'

---

[31] Rosebrock; Nix: Grundlagen, Seite. 18.
[32] vgl. Christmann; Richter: Prozessebenen, Seite 31.
[33] vgl. Christmann; Richter: Prozessebenen, Seite 28.
[34] vgl. ebd., Seite 31 und auch Rosebrock; Nix: Grundlagen, Seite 20.
[35] Christmann; Richter: Prozessebenen, Seite 32.

während des Lesens, indem mit Hilfe bestimmter Makroregeln [...] Gruppen von Mikropropositionen zu Makropropositionen verdichtet werden".[36] Diese Verdichtung aber funktioniert in einem **aktiv** gesteuerten Prozess, der erst erlernt werden muss.

Die vierte Ebene, nämlich die der Erkennung von **Superstrukturen**, erfolgt auf Basis eines abstrakten Schemas. Ziel der Erstellung von Superstrukturen ist es, Texte in globale, konventionalisierte Formen einzuordnen.[37] Es werden bekannte Gattungsmerkmale abstrakt auf neue Texte angewendet, sodass diese nun in bestimmte Kategorien eingeordnet werden können. So ist es beispielsweise erst möglich, politische Parodien zu erkennen, da dort in der Regel eine Rede so gestaltet wird, dass sie von der Form her der Gattung der politischen Rede zuzuordnen ist, inhaltlich aber davon divergiert. Sobald Superstrukturen verstanden und errichtet sind, können schon **während** des Leseprozesses Hypothesen gebildet und in Anwendung gebracht werden, weil schon verstanden worden ist, wie Texte dieser Art funktionieren.[38]

Das **Erkennen von Darstellungsstrategien** ist fünftens das wichtigste Mittel, um im Leseprozess intentionale Ansätze zu finden. Hierunter werden rhetorische, stilistische und argumentative Strategien verstanden, die zu einer (inneren) Diskussion über die Intention des Textes führen.[39] Wenn der Text aus der **Metaperspektive** heraus betrachtet wird und ständig über dessen logischen Aufbau reflektiert wird, kann nach PISA von höchster Ebene kognitiver Leistungen gesprochen werden.

Wie schon skizziert sind motivationale Antriebe nötig, um die höchsten Niveaus dieses Modells zu erreichen. Sobald diese Antriebe dafür sorgen, dass sich der Leser weiterentwickelt, bildet sich auch durch die entwickelten kognitionspsychologischen Ebenen die Fähigkeit zur Reflexion durch Anschlusskommunikation und bildet damit den elementare Baustein zur Lese- und Lebenskompetenz.

---

[36] ebd.
[37] vgl. Christmann; Richter: Prozessebenen, Seite 33.
[38] vgl. Rosebrock; Nix: Grundlagen, Seite 19.
[39] vgl. Christmann; Richter: Prozessebenen, Seite 34.

2.4 Resümee

Die massiven Probleme im Bereich der Lese-Textverständnisses, die durch die PISA-Studie an weiterführenden Schulen festgestellt werden konnten, befinden sich nach kognitionstheoretischer Einordnung bei 15-jährigen SuS zu einem hohen Anteil schon auf Ebene der hierarchieniedrigen Prozesse.

Die hierarchiehöchsten Prozesse werden ferner ebenso nur von wenigen Schülern erreicht, sodass zu vermuten ist, dass wenn schon Lernende der 9.-bzw. 10. Jahrgangsstufe auf diese Probleme stoßen, dies auch in den unteren Jahrgängen zu beobachten sein wird. Hierbei liegt ein besonderer Schwerpunkt auf der Verständnisleistung der SuS. Diese ist im Vergleich zu anderen Ländern der PISA-Studie auf einem solch niedrigen Niveau, dass Konsequenzen dafür erfolgen müssen. Die unteren 25% der deutschen SuS sind beispielsweise noch nicht in der Lage, über die Ebene der hierarchieniedrigen Prozesse hinauszukommen. Da bleibt es nicht aus, dass sich ein Teufelskreis bilden kann und die leistungsschwächsten SuS andere Medien als dem Buch den Vorzug geben; denn wenn schon die Wort- und Satzerkennung nur mit Mühe gelingt, hat dies Folgen auf die höheren Ebenen.

Obwohl die hierarchiehohen Prozesse nicht auf den hierarchieniedrigen aufbauen, sondern größtenteils parallel ablaufen, sind auch die hierarchiehohen Prozesse von der Qualität der Arbeit der hierarchieniedrigen abhängig.[40] Konkret bedeutet das: Wenn sich schon Schwierigkeiten bei dem Verständnis einzelner Sätze zeigen (lokale Kohärenz), kann globale Kohärenz nicht oder nur auf niedrigem Niveau hergestellt werden. Erkennt der Schüler aber, dass sich schon basale Prozesse nur durch hohen Kraftaufwand aktivieren lassen, wird es schwierig, Lesen als Genuss zu verstehen. Dies hat wiederum zur Folge, dass sich die kognitive Lesekompetenz nicht weiter ausbilden kann, weil die damit verbundene Anstrengung aufgrund motivationaler Probleme nicht aufgebracht wird.

Auf diese Weise ist der dritte Bereich, nämlich der der **Reflexion**, natürlich gefährdet, was erneut dazu führt, dass der Leser nicht über Texte

---

[40] vgl. Christmann; Richter: Prozessebenen, Seite 34.

kommunizieren kann und damit nachweist, dass das mentale Modell, das sich eigentlich während des Leseprozesses bilden sollte, nicht funktionsfähig ist.

Somit wird deutlich, welchen elementaren Stellenwert die Förderung vor allem der lesekognitiven Prozesse in sich birgt.

3 Textgattung: Sachtexte

Innerhalb der Schule treten im Gattungsbereich der Sachtexte größtenteils sogenannte didaktische Texte auf. Für diese gilt allerdings die **Grundvoraussetzung**, generelle kognitive Strukturen verfügbar zu haben.[41] Damit sind ausgebildete, also automatisierte Fähigkeiten auf dem Niveau der hierarchieniedrigen Prozesse gemeint. Altersangemessene, literarisch-fiktionale Texte sind im Gegensatz dazu allerdings häufig schon von Schülern der Primarstufe sinnvoll zu erlesen.[42]

Um diese Unstimmigkeit in der Rezeption literarischer Texte und Sachtexte zu erfassen, ist es notwendig, zunächst abzugrenzen, was gattungstechnisch mit dem Begriff *Sachtext* gemeint ist.

Damit Schlussfolgerungen für die Leseförderung gezogen werden können, ist es weiterhin nötig, auf gattungsbedingte Schwierigkeiten beim unterschied-lichen Textverständnis einzugehen.

3.1 Einordnung: Sachtext – literarischer Text

Die Einordnung in die beiden Großkategorien *Sachtext* und *literarischer Text* ist gerade durch die kaum zu erfassende Anzahl an Sachbüchern für Kinder, Jugendliche und Erwachsene schwierig. Viele informierende Bücher vermitteln fachliche Inhalte auch durch narrative Elemente.[43]

---

[41] vgl. Christmann; Groeben: Sach- und Informationstexte, Seite 151.
[42] Vorlesetraditionen oder die Benutzung von Kinderhörbüchern/- spielen beginnt häufig schon sehr früh. Hier sind Auswirkungen auf die literarische Textrezeption zu vermuten.
[43] vgl. Baurmann, Jürgen; Müller, Astrid: Sachbücher und Sachtexte Lesen. In: Praxis Deutsch. Jahrgang 32. Heft 189. Erhardt Friedrich Verlag. Velber 2005, Seite 7.

Das Kriterium der **sprachlichen Gestaltung** grenzt die Textgattungen eher unzureichend voneinander ab. Merkmale wie *hohe sprachliche Präzision*, starker Anteil *fachsprachlicher Elemente*, *verdichtete Sprache* und *Tendenz zur Nominalisierung* sind oft ebenfalls nicht ausreichend, was durchaus schon durch den Vergleich mit sogenannten Tatsachenromanen deutlich wird.[44]

Da in dieser Arbeit kontextbedingt die Leseförderung bei Sachtexten in der Schule, also die Beschäftigung mit Lehrwerken im Vordergrund steht, bietet es sich an, zunächst die innersachtextlichen Teile nach der **Funktion** zu klassifizieren und anschließend literarische Texte davon abzugrenzen.

Christmann und Groeben unterteilen die Textsorte der Sach- und Informationstexte in drei große Unterkategorien:

- Didaktische Texte (auch Lehrtexte)
- Persuasionstexte
- Instruktionstexte im engeren Sinn[45]

Während Persuasionstexte hauptsächlich die Bewertung einer Sachlage erfordern und Instruktionstexte im engeren Sinn *Handlungsanweisungen* aufweisen, besteht die zentrale Funktion didaktischer Texte im *Behalten* der jeweiligen Textinhalte.[46] Letzteres soll im Folgenden dargestellt werden.

Mit Einschränkungen sei unterstellt, dass das Entwickeln didaktischer Texte schon allein durch das Ziel des Behaltens beim Leser als schwierig anzusehen ist, nicht nur weil der Inhalt der zu verstehenden Prozesse bedacht werden muss, sondern auch auf interindividuelle Unterschiede im Leseverständnisprozess durch unter anderem unterschiedliche Vorwissensstrukturen auf Seiten des Lesers eingegangen werden muss. Durch die Beschäftigung mit den auftretenden Schwierigkeiten hat die sogenannte Textverständlichkeitsforschung folgende vier Dimensionen entwickelt, durch die Textverständlichkeit beim Leser zu erreichen sei:

- Sprachliche Einfachheit (altersangemessene, konkrete Wortwahl)

---

[44] vgl. ebd.
[45] vgl. Christmann; Groeben: Sach- und Informationstexte, Seite 150
[46] vgl. ebd.

- Kognitive Gliederung/Ordnung (nachvollziehbare, inhaltliche Strukturierung)
- Kürze/Prägnanz (Satzebene, nicht zu stark verschachtelt)
- Motivationale Stimulanz (u. A. Bezug auf Alltag, Lebensweltliche Perspektive von SuS)[47]

Schon aus dem Anspruch der *kognitiven Gliederung/Ordnung* ergibt sich eine strukturelle Vielfalt der Textmuster. Während literarische Texte „im Wesentlichen einem einzigen Muster folgen [nämlich: Setting → Thema → Handlung → Auflösung], [...] gibt es bei Sachtexten eine Vielzahl von basalen Mustern der Textorganisation".[48] Hier muss vom Leser erkannt werden, um welche **domänenspezifische Organisationsform** es sich handelt, um die Superstruktur des Textes zu erkennen.[49] Dabei müssen auch makrostrukturelle Ebenen erkannt werden. Von dem Leser ist beispielsweise zu unterscheiden, ob ein Text im historischen Hintergrund nun als Primärquelle oder als Lehrbuchkommentar gelesen werden muss.

Ferner sind Lehrtexte durch Bezug auf bestimmte Wissensbereiche kontextorientiert und demnach auf **domänenspezifisches Vorwissen** angewiesen.[50] Verfügt ein Schüler über dieses inhaltliche Vorwissen nicht, ist vor allem der Anspruch der *sprachlichen Einfachheit* obsolet, da trotz verständlicher Sprache der Inhalt nicht zugeordnet und im mentalen Modell konstruiert werden kann. Bei literarischen Texten hingegen ist festzustellen, dass diese oft „unmittelbarer an der persönlichen Erfahrung anknüpfen"[51] und die in beiden Gattungen vorkommenden *alltagsferneren* Konzepte und Begriffe leichter verständlich machen.

Aus dieser unterschiedlichen Gattungseinordnung werden nun im Folgenden Probleme, die beim Verständnisprozess von Lehrtexten auftreten, im Gegensatz zum literarischen Textverständnis skizziert, um an den sich unterscheidenden Stellen Anknüpfungspunkte zur Leseförderung zu entwickeln.

---

[47] vgl. ebd. Seite 151f.
[48] Rosebrock; Nix: Grundlagen, Seite 76.
[49] ebd. Seite 77.
[50] vgl. Rosebrock; Nix: Grundlagen, Seite 76.
[51] ebd.

3.2 Probleme beim Sachtextverständnis

Literarische Texte, die für SuS der Unterstufe der Sekundarstufe I publiziert werden, befinden sich in aller Regel nah an der Erfahrungs- und Empfindungswelt der Zielgruppe. Durch identifikatorische Elemente und ein plausibles Erzählkonstrukt bindet sich die Erzählung in die soziale Lebenspraxis der SuS ein. Bei Lehrtexten ist das anders. Diese „abstrahieren [...] stark von solchen lebensweltlichen Konzepten der Schüler(innen), **eben um** ihnen neue Konzepte, also neues Wissen über situationsferne Felder zu vermitteln" [Hervorhebungen vom Verfasser]. [52] Hier wird das Problem deutlich: Ist der Text nicht in die Alltagswelt der Schüler kontextuiert und enthält ferner selbst nur das nötigste Fachvokabular, schlägt sich dies durchaus übergreifend auf die Motivation nieder, da es scheint, als ob der Text nur zum reinen Selbstzweck bearbeitet wird. Selbst wenn die Bearbeitung nicht zum Selbstzweck geschieht, muss der eigentliche Zweck dem Schüler vermittelt werden.

Literarischen Texten gelingt dies, indem Strukturen aufgebaut werden, die Identifikation und Problemlösungsansätze für die *wirkliche Welt* schaffen und vor allem Spannung zum Weiterlesen aufbauen. Für Sachtexte ist das natürlich deutlich schwieriger, wenn nicht unmöglich umzusetzen.

Weiterhin ist es sowohl für geübte, als auch für ungeübte Leser schwieriger, Texte, die Fremdwörter beinhalten, zu lesen und zu verstehen. Bei literarischen Texten, die Fachvokabular enthalten, gelingt es auch ungeübten Lesern oft, den Inhalt zu verstehen, obwohl sie nicht jedes Wort verstehen. Selbst wenn dadurch *eine* inhaltliche Ebene verloren geht, wird häufig noch der Gesamtzusammenhang verstanden. Sachtexte hingegen sind – gerade wenn der Fachterminus nicht erklärt wird – nur mit Mühe gehaltvoll durchzulesen, weil umständlich Begrifflichkeiten nachgeschlagen oder erfragt werden müssen. Durch die Pause im Lesefluss ist dann auch oft der Prozess der Inferenzbildung (Bildung einer Schlussfolgerung) so geschwächt, dass der betreffende Abschnitt erneut gelesen werden muss.

---

[52] ebd., Seite 77.

3.3 Resümee

Dieses Kapitel konnte zeigen, dass Sachtexte im Schulunterricht – in der Regel *didaktische Texte* – kognitiv schwieriger zu verarbeiten sind, als literarische Texte.

Begründet werden kann dies durch eine erforderliche Erkennung der domänenspezifischen Organisationsform eines Textes und durch gefordertes domänenspezifisches Vorwissen. Diese Aspekte stellen aufgrund möglicherweise mangelnder Erfahrung für die Lernenden der Unterstufe sich durchaus problematisch dar.

Weitere Schwierigkeiten beim Sachtextverständnis treten auf, weil sich Sachtexte selten in der Erfahrungswelt der Schülerinnern und Schüler abspielen. Durch die charakteristisch nominalisierte und verdichtete Sprache lässt sich weiterhin erahnen, dass eine Auswahl der zu besprechenden Literatur von Seiten der Lehrperson unabdingbar ist. Die erläuterten Dimensionen der Textverständlichkeit (siehe Kapitel 3.1) ergeben dabei ein konkretes Mittel zur Prüfung und Auswahl von Unterrichtstexten.

Auf kognitionspsychologischer Ebene lassen sich keine Unterschiede im Bereich der hierarchieniedrigen Prozesse erkennen. Wenn der Leser die Prozesse der Buchstaben-, Wort-, und Satzidentifikation und damit einhergehend die lokale Kohärenzbildung nicht zureichend automatisiert hat, werden sich bei Sachtexten dieselben Probleme aufzeigen, wie bei literarischen Texten. Erst auf Ebene der hierarchiehohen Prozesse sind textgattungsbedingte Unterschiede zu erfassen, die vor allem durch die unterschiedlichen Textgattungen und der damit verbundenen Vielfalt der Textart zu erklären ist.

4 Praxis: Leseförderung

Da man zwischen guten und schlechten Lesern auf Basis der erläuterten kognitionstheoretischen Ansätze insofern unterscheiden kann, als dass gute Leser vor allem in Bereichen der Texterschließung (semi-)automatisierte

Prozesse innehaben[53], die sich durch Training weiter verbessern können, liegt die Vermutung nahe, dass diese Prozesse erlernt werden können – denn sonst würden gute Leser von Geburt an gut, schlechte Leser von Geburt an schlecht lesen können. Diese Erlernung geschieht zum einen unbewusst durch häufiges Lesen, zum anderen kann sie aber auch konkret durch Lesestrategien gesteuert werden.[54]

In dem praktisch-orientierten Teil dieser Arbeit wird zunächst ein umfassendes Leseförderungskonzept mit Lesestrategien (*Die Textdetektive nach Gold u.a.*) dargestellt und anhand des bereits erlangten Wissens bewertet. Den herauszuarbeitenden Schwach- und Problemstellen dieser Leseförderung folgt die abschließend die Entwicklung eigener Förderungsansätze.

4.1 Lesestrategien

Unter dem Begriff der Lesestrategie versteht man **mentale Werkzeuge**, durch die **zielgesetzt** Texte auf verschiedenen **kognitiven Ebenen** verstanden werden. [55] Diese Zielsetzung wird durch folgende Charaktermerkmale möglich:

- Instrumentalität und operationale Ausrichtung auf ein bestimmtes Leseziel

- Lesestrategien werden nicht einzeln, sondern im systematischen Verbund mit anderen Lesestrategien angewendet

- Bei guten Lesern weitgehend automatisiert, aber trotzdem fähig zur Verbalisierung ins Bewusstsein zu rufen[56]

Cornelia Rosebrock und Daniel Nix sprechen von einem *mentalen Werkzeugkasten*, den der Leser „zur Verfügung hat, in dem unterschiedliche ‚Leseinstrumente' für unterschiedliche Lesesituationen und -ziele vorhanden

---

[53] hierbei seien vor allem folgende Aspekte hervorzuheben: Nutzung des Satzkontexts bei der Worterkennung, Erschließung von Sinnzusammenhängen auch in komplexen Setzen, Nutzung und Aktivierung des Vorwissen anhand von Hinweisen im Text.
[54] vgl. Rosebrock; Nix: Grundlagen, Seite 47f.
[55] vgl. Rosebrock; Nix: Seite 59.
[56] vgl. ebd.

sind".[57] Dieser *Werkzeugkasten* ist bei ungeübten Lesern (relativ) leer und ungeordnet. Erst durch die Erlernung von Lesestrategien wird dieser gefüllt und – wenn systematisch reflektiert – auch geordnet. Sollte diese Stufe erreicht sein, sind Lesestrategien in der Lage, den Leser zu befähigen, den unmittelbaren Leseprozess zu überwachen, den Leser aktiv mit dem Text interagieren zu lassen und schließlich die bewusste, eigenständige Regulation der Lesestrategien herbeizuführen.[58]

Vor dem Hintergrund der in Kapitel 2.1 beschriebenen Problemfelder im Kompetenzbereich *Lesen* der SuS im Alter von 15 Jahren lässt sich folgerichtig ableiten, dass auch Lernende der Unterstufe der Sekundarstufe I (Klasse 5-7) ebenso eine ähnlich gelagerte Defizitstruktur in der Lesekompetenz aufweisen werden, da der Verlust der hierarchiehohen Kompetenzen zwischen dem 8. und 9. Schuljahr eher unwahrscheinlich sein dürfte, weil dort kein (schulischer) *Systemwechsel* stattgefunden hat.

4.2 „Die Textdetektive" – exemplarische Darstellung

Um exemplarisch ein möglichst abgeschlossenes Gesamtbild eines Leseförderungskonzeptes für die Unterstufe der Sekundarstufe I zu erhalten, bietet es sich an, die 2007 von Andreas Gold und seiner Arbeitsgruppe veröffentlichten „Textdetektive" im Hinblick auf die Fragestellung nach gruppenübergreifender Leseförderung, speziell in Sachtexten zu analysieren. Dieses zeichnet sich im Gegensatz zu anderen Konzepten dadurch aus, dass es durch Kenntnis der Ergebnisse der großen Schulleistungsuntersuchungen eben diese empirisch erforschte Basis zu verbessern im Stande sieht. Außerdem ist dieses Konzept von hoher Relevanz, da durch Gold viele einzelne Lesestrategien, die bereits in anderen Leseförderungsansätzen aufgearbeitet worden sind, in *einer* Förderreihe zusammengefasst wurden.

Schon durch den Terminus der *Textdetektive* richtet sich Gold an die junge SuS, bei denen häufig noch literarische Klassiker wie „Emil und die Detektive" bekannt, anerkannt und beliebt sind. Ziel des Programms ist es

---

[57] ebd., Seite 60.
[58] vgl. ebd., Seite 60f.

innerhalb einer ca. 20-30-stündigen Unterrichtsreihe Methoden in den „Werkzeugkoffer" zu legen, durch die selbstreguliertes Dekodieren, Verstehen und Reflektieren von Textinhalten möglich ist.[59]

Die 14 Lerneinheiten lassen sich in folgende Bausteine gliedern:

- Motivationale Selbstregulation

- Kognitive und metakognitive Lesestrategien

- Kognitive Selbstregulation[60]

Der Baustein der **motivationalen Selbstregulation** beinhaltet die Erlernung von Kompetenzen im Zusammenhang mit der Setzung realistischer Ziele, der Erklärung eigener Erfolge und Misserfolge sowie das erfolgszuversichtliche Herangehen an neue Anforderungen.[61] Durch die Bezugnahme auf diese Ebene lässt die in Kapitel 2.3 erörterte Basis für ständige Weiterentwicklung der lesekognitiven Prozesse bilden.

Der Baustein der **kognitiven und metakognitiven Lesestrategien** ist in diesem Konzept metaphorisch zu verstehen. Wie ein Detektiv planend Hilfsmittel anwendet, einen Fall zu klären, so planen die SuS die Anwendung einzelner kognitiver und metakognitiver Lesestrategien auf den Text. Hierbei wird in Verstehensmethoden und Behaltensmethoden unterschieden.

Die **Verstehensmethoden** zielen sowohl zum Teil auf hierarchieniedrige Prozesse (Überschrift beachten, Bildlich vorstellen etc.), als auch auf hierarchiehohe Prozesse (Verstehen überprüfen, Vorwissen aktivieren) ab.[62] Zudem wird der eigenverantwortliche Umgang mit Textschwierigkeiten anhand von Routinefragen erlernt.[63]

Die **Behaltensmethoden** hingegen lehren die *organisierenden Lesestrategien*. Dabei ist vor allem die schriftliche Arbeit im Text elementar,

---

[59] vgl. Gold, Andreas: Lesen kann man lernen. Lesestrategien für das 5. und 6. Schuljahr. Vandenhoeck & Ruprecht Verlag. Göttingen 2007, Seite 71.

[60] vgl. ebd., Seite 72.

[61] vgl. Gold: Lesen kann man lernen, Seite 71

[62] Anzumerken ist allerdings, dass hierarchieniedrige Prozesse kaum explizit gefördert werden.

[63] Diese Routinefragen umfassen Fragen nach dem Verständnisproblem und anschließenden Lösungsmöglichkeiten, die der Lesende anhand von vorher gefestigten Methoden selbstregulativ anwenden kann.

durch die die inhaltlich wichtigsten Informationen markiert, gefiltert und zusammengefasst werden sollen.

Diese Bausteine sind es, die auch speziell auf Sachtexte anzuwenden sind. Durch sowohl die organisierenden Lesestrategien, als auch durch das Kennenlernen von Hilfsmitteln zum Verständnis von Texten sind – wenn sie korrekt angewendet werden – Steigerungen im Leseverständnis möglich. So wird beispielsweise explizit die Methode der *Betrachtung von Überschriften* erlernt, um daraus folgend Thesen über den textlichen Inhalt zu bilden und diese automatisiert in das Lesegeschehen einzubauen.

Im Gegensatz zu der motivationalen Selbstregulation beschäftigt sich drittens der Baustein der **kognitiven Selbstregulation** mit der Aufgabe, selbstständig einen Text anhand der zuvor erlernten Methoden zu bearbeiten. Dieser Baustein ist durch ein Lesezeichen[64] realisiert, durch das die SuS ständig während des Lesens an die Methodik erinnert werden und diese einüben. Erst durch eine solche stetige Wiederholung der Lerninhalte kann das neu erworbene Wissen im Gedächtnis konkret gespeichert werden.[65]

Die Anwendung der drei Bausteine (Motivationale Selbstregulation, kognitive- und metakognitive Lesestrategien, kognitive Selbstregulation) sollte also nach Ansicht von Gold ausreichen, um die Lesekompetenz der SuS zu steigern. Dennoch kommen Fragen auf, auf die dieses Projekt keine Antwort gibt bzw. nicht genügend ausdifferenziert. Anhand dieser beispielhaften Lesestrategie wird somit im nächsten Abschnitt über die Vor- und Nachteile der Anwendung explizit dieser Lesestrategie im Deutschunterricht reflektiert, um aus den entstehenden Ergebnissen Konsequenzen für eigene Förderungsansätze zu entwickeln.

---

[64] Auf diesem Lesezeichen befindet sich eine "Checkliste", auf der die gesamte Methodik zur Textrezeption kleinschrittig abgedruckt ist, sodass die SuS beim Lesen an die erlernten Schritte erinnert werden bzw. sich erinnern können.
[65] vgl. Gold: Lesestrategien, Seite 84.

5 Kritische Auseinandersetzung

Gold teilt sein Strategieprogramm in die drei Teile der Kognition, Motivation und Reflexion, auf ähnliche Weise, wie dies durch Bettina Hurrelmann zusammenfassend dargestellt worden ist (siehe Kap 2.3).[66] Innerhalb dieser Teile werden allerdings wesentliche Bestandteile nicht genügend betrachtet.

5.1 Leseförderung für unterdurchschnittlich schwache Schüler

So werden genau die SuS, die noch **nicht** auf dem Niveau ihrer Klassenkameraden in Bezug auf die hierarchieniedrigen Prozesse angelangt sind, nicht individuell gefördert. Sollte hier nämlich noch „Wort für Wort" gelesen werden, sind nach der Erkenntnissen dieser Arbeit hierarchiehöhere Prozesse nicht oder nur schwer zu erreichen. Die PISA-Studie hat ergeben, dass ein Viertel aller getesteten Jugendlichen im Alter von 15 Jahren schon Defizite im hierarchieniedrigen Kompetenzbereich aufweisen.[67] Schon die Minimalanforderung der ersten Kompetenzstufe wird von ca. 10% der SuS nicht erreicht. Diesem Umstand wird Gold nicht ausreichend gerecht. Bei einer unterrichtlichen Umsetzung müssten hier aber individuelle Förderungen angesetzt werden. Auch bei ersten empirischen Überprüfungen des Konzepts konnte „sichtbar [werden], dass die meisten Lernenden und insbesondere die schlechten Leser und Leserinnen nicht in der Lage sind, im Zuge des Lesens Wichtiges zu identifizieren"[68], also zunächst nicht auf der reflektiven, hierarchiehohen Ebene des Prozesses angelangen.[69] Dies hat natürlich zur Folge, dass die anfangs markierten *realistischen Ziele*, die sich die SuS vor dem Leseprozess setzen sollten, häufig nicht erreicht werden, weil schon Techniken, Wichtiges vom Unwichtigen zu trennen nicht zum gewünschten Erfolg führen. Dennoch ist durch den Zusammenhang der Zielsetzungsphase und der Phase der Reflexion über die Erreichung der jeweiligen Leseziele ein interessanter Ansatz gefunden. Das Konzept zuerst

---

[66] vgl. Hurrelmann: Prototypische Merkmale, Seite 277f.
[67] Diese Schülerschaft bezeichnet PISA als „Risikogruppe".
[68] Rosebrock: Lesesozialisation, Seite 172.
[69] Gold stellt nur unzureichend Strategien zur Verfügung. Vor allem fehlt es an speziellen Techniken, die die hierarchieniedrigen Fähigkeiten trainieren.

seine Ziele festzulegen, diese zu erarbeiten und schließlich zu kontrollieren/reflektieren ist zwar nicht *neu*, bietet aber in diesem Zusammenhang die Funktion, dass die SuS bei Erreichung des Ziels direkt Selbstzufriedenheit empfinden können, was weiteres Arbeiten mit diesem System durchaus möglich macht.

5.2 Workshop statt Lebensinhalt

Ein nächster Kritikpunkt lässt sich direkt am Konzept der *Textdetektive* belegen. Das auf 20-30 Unterrichtsstunden angelegte bewusste Durcharbeiten der Übungshefte wird nicht langfristig eingesetzt, sondern ähnelt mehr einem Workshop für Methoden, durch den zwar die SuS in die Methodenarbeit eingeführt werden, aber langfristig keine *Pflicht* zur Verwendung dieses (auch) reflexiven Prozesses besteht.[70] Zwar rät die Arbeitsgruppe um Gold dazu, die erlernten Konzepte weiterhin auch in anderen Fächern immer wieder anzuwenden und zu erproben – ob dies allerdings gelingt, hängt stark mit der Führung durch die Schulleitung und mit der Struktur des jeweiligen Lehrerkollegiums zusammen. Einem 60-jährigen Geschichtslehrer wird es wohl schwer fallen, die Motivation zur Arbeit mit einem neuen Trainingsprogramm aufzubringen.[71] Gegen diesen Punkt könnten die Autoren mit Rückgriff auf das entwickelte „Lesezeichen" reagieren, durch das SuS bei jeder Art der Textrezeption daran erinnert werden, die bekannten Methoden anzuwenden.[72] Dass dies funktionieren kann wird somit erst ermöglicht, wenn sich jede Lehrperson an deutschen Schulen auch als **Lese**lehrer bzw. **Lese**lehrerin begreift.[73] Dafür sind allerdings Maßnahmen nötig, die über die reine Leseförderung an sich hinausgehen. So schlägt Kaspar H. Spinner beispielsweise vor, Leseförderung als Ausbildungselement **fächerübergreifend** zu realisieren,

---

[70] Die notwendige Automatisierung der hierarchieniedrigen Prozesse kann erst durch kontinuierliche, langfristige Anwendung geschehen.

[71] An dieser Stelle sei zu Smolka, Dieter (Hrsg.). Motivation und Mitarbeiterführung in der Schule. Luchterhand. Neuwied 2000. verwiesen, der Konzepte eben gegen diese Probleme bereithält.

[72] Dennoch reicht dies nicht aus, um die Lesekompetenz über einen langen Zeitraum zu steigern, weil das Lesezeichen erstens nicht ständig bei der Lektüre benutzt werden wird und zweitens im fachfremden Unterricht – wie das Beispiel mit dem Geschichtslehrer zeigt – unter Umständen nicht dazu angehalten wird, es konsequent zu nutzen.

[73] vgl. Rosebrock: Lesesozialisation, Seite 174.

um in zukünftigen Schülergenerationen eben diese Kompetenz auszubauen.[74]

5.3 Freude am Lesen

Schließlich ergeben sich Probleme mit der (nicht) auftretenden *Lesefreude*. Durch die organisierte und schematisch anmutende Arbeit am Text bleibt (gerade in der Anfangszeit der Methodenverwendung) sicher nicht viel Raum, einen Text in seiner Ästhetik zu genießen. Dabei ist letztlich die Textgattung sekundär; macht es schon keine Freude einen Sachtext zu (er-)lesen, so wird sich auch die Arbeit am literarischen Text eben mit der gemeinten ästhetischen Komponente nicht als Freude ausmachen lassen. Als Konsequenz würde sich ergeben, dass die SuS wieder *nur* in der Schule lesen und in der Freizeit andere Medien bevorzugen. Dies widerstrebt eindeutig Spinners Zielsetzung, dass es (für ihn) oberstes Ziel im Literaturunterricht sei, die *Freude am Lesen* zu fördern.[75] Dabei wird deutlich, dass „eine[r] dezidierte[n] Orientierung an den Kindern bzw. Jugendlichen, ihrem Entwicklungsstand, ihren Bedürfnissen und geistigen Suchbewegungen"[76] nicht entsprochen werden kann, wenn sich die (gut gemeinte) Leseförderung in negative Lesesozialisation entwickelt. Offenkundig impliziert dieser Aspekt nicht nur die motivationale Arbeit. Auch die Ebenen der kognitionspsychologischen Leseprozesse und die der Reflexion sind Grundsteine, die zur Entwicklung von Freude am Lesen führen, wenn sie von den SuS beherrscht werden. Dies kann aber mit Rückgriff auf 5.2 nicht geschehen, sofern die korrekten Rahmenbedingungen nicht erfüllt werden. Hier muss es erneut stärker die Aufgabe **aller** Lehrerinnen und Lehrer sein, eine ausdrückliche Vorbildfunktion darzustellen.

---

[74] vgl. Spinner, Kaspar H.: Lesekompetenz in der Schule. In: Artelt, Cordula et. al. (Hrsg.): Struktur, Entwicklung und Förderung von Lesekompetenz. Vertiefende Analysen im Rahmen von PISA 2000. Verlag für Sozialwissenschaften. Wiesebaden 2004, Seite 129.
[75] vgl. Spinner, Kaspar H.: Lese- und literaturdidaktische Konzepte. In: Dehn, Mechthild, Payrhuber, Franz-Josef; Schulz, Gudrun; Spinner, Kaspar H.: Lesesozialisation, Literaturunterricht und Leseförderung in der Schule. In: Franzmann, Bodo; Hasemann, Klaus; Löffler, Dietrich; Schön, Erich (Hrsg.): Handbuch Lesen. Im Auftrag der Stiftung Lesen und der Deutschen Literaturkonferenz. Schneider Verlag. 2. unveränderter Nachdruck Hohengehren 2006, Seite 598.
[76] vgl ebd.

6 Ansätze eines Förderungskonzepts

Wie sich durch das vorangegangen Kapitel erkennen lässt, weisen selbst in der Praxis erprobte Konzepte von Leseförderung Schwierigkeiten auf. Sie wenden sich nicht gleichzeitig an alle Schülerinnern und Schüler, die sich natürlich durch unterschiedlichste Lesefähigkeiten charakterisieren lassen. Dies ist auch in einem zusammenhängenden Programm nicht oder nur schwer zu erreichen, weil zum einen die Umsetzung von Leseförderungen die curricular vorgegebenen Unterrichtsinhalte zeitlich dominieren, zum anderen dadurch nicht garantiert werden kann, dass die Strategien langfristig beibehalten werden. Außerdem ist die Förderung der *Freude am Lesen* längst nicht dadurch garantiert, dass vormals leseschwache SuS sich in ihren Verstehensprozessen weiterentwickeln. Wie Spinner bin ich der Meinung, dass nicht im Blick auf Leistungsuntersuchungen, sondern im Blick auf die Zukunft der Jugendlichen Leseförderung betrieben werden muss – und dort ist die *Freude zu lesen* elementar. Ein weiterer zu lösender Aspekt, aber entscheidender Aspekt stellt schließlich die kooperative Arbeit im Kollegium im Hinblick auf die Leseförderung dar.

Der Anspruch der Förderungsansätze ist weder die Auflistung eines Methodenkatalogs, noch konkrete Handlungsanweisungen für Lehrende oder Schüler oder gar ein in allen Feinheiten ausgearbeitetes, handlungsorientiertes Werk zu schaffen. Vielmehr sollen die Erkenntnisse dieser Arbeit auf ein Förderungskonzept übertragen werden und dadurch die Nachteile des angesprochenen Konzepts ausgleichen. Dabei wird sich ein grundlegender Teil mit der Förderung der leseschwachen und –schwächsten Schüler im Hinblick auf das Entwickeln automatisierter Fähigkeiten im Bereich der hierarchieniedrigen Prozesse beschäftigen

6.1 Rahmenbedingungen

Wie die kritische Darstellung der *Textdetektive* zeigen konnte, halte ich die Förderung der SuS nicht für sinnvoll, wenn das Förderungsprojekt lediglich eine 20-30-stündige Unterrichtsreihe umfasst. Die erwähnte Problematik der längerfristigen Anwendung des Gelernten ist gerade bei dem Prozess des

Lesens enorm bedeutsam. Trotz der curricular-bedingten Fülle der zu vermittelnden Unterrichtsinhalte bieten viele Schulen eine sogenannte Förderstunde in der Unterstufe an. Nach eigener Erfahrung wird diese allerdings häufig dazu genutzt, weitere Fachinhalte zu unterrichten. In dieser oder im aktuell an Gymnasien entstehenden Nachmittagsbereich ist eher eine langfristige Umsetzung der individuell anzupassenden Leseförderungskonzepte möglich. Sollten diese Mechanismen an Schulformen jedweden Typs fehlen, ist auch eine Integration in den *Normalunterricht* möglich, indem die eigentlichen fachlichen Inhalte durch Anwendung und Verwendung der nun folgenden Möglichkeiten eingebunden werden.

6.2 Förderung der kognitiven Leistungsfähigkeit

Eine unabhängige Förderung von SuS ist im Unterrichtsgeschehen häufig sowohl wegen zeitlicher als auch wegen sozialer Gründe unökonomisch und auch selten überhaupt möglich. SuS, die beispielsweise in Kleingruppen individuell gefördert werden, können sich unter Umständen als *rangniedriger* im Gegensatz zu ihren Klassenkameraden verstehen, da sie denken könnten, dass sie einer abgegrenzten *Sonderbehandlung* bedürfen. Es muss demnach für eine Binnendifferenzierung - je nach Leistungsstand der jeweiligen SuS – gesorgt werden. Aus diesen Gründen bevorzuge ich einen gemeinschaftlichen Unterricht, in dem sowohl gleichzeitig hierarchieniedrige und hierarchiehohe Prozesse ausgebildet werden, als auch eine Differenzierung nach Leistungsstärke der SuS stattfindet.

Zunächst halte ich es für sinnvoll, den SuS darzustellen, wie *Lesen* auf kognitiver Ebene funktioniert. Wie der Großteil der von mir eingesehenen Literatur zum Thema Leseförderung mit den kognitiven Aspekten in das Thema einführt, werden die SuS selbst auch damit zuerst konfrontiert, damit die Bildung des mentalen Modells *Lesen* durch diese Gesichtspunkte gefüllt wird.

6.2.1 Förderung auf Ebene der hierarchieniedrigen Prozesse

Die durch PISA als Risikogruppe bezeichneten schlechtesten (ca. 25%) SuS erreichen im Alter von 15 Jahren nur die Kompetenzstufe I, sind also nicht in der Lage, hierarchiehohe Prozessebenen konsequent zu erreichen. Bei SuS der 5.-7. Jahrgangsstufe ist dies vermutlich häufig zu einem noch höheren Anteil zu erkennen. Um diesen Bereich der Lernenden konsequent zu fördern, bieten sich die im Folgenden schematisierten Maßnahmen an:

Um die Schüler zu erreichen, die in der Unterstufe nicht in der Lage sind, Sätze **flüssig vorzulesen**, weil die Fähigkeit zum automatisierten Entschlüsseln von Graphemen nicht ausgebildet ist (*Buchstabe für Buchstabe, Wort für Wort lesen*) bieten sich zum einen bekannte Lauteleseverfahren an, durch die die Lernenden längere [77] Texte durch mehrfaches oder begleitendes Lautlesen [78] erschließen. Zum anderen können hier auch Wege gegangen werden, die mehrere Sinne einschließen. So stellen Steffen Gailberger & Katrin Dammann-Thedens eine Förderungsmethode vor, in der begleitend zum Lesen eines Textes derselbe als Hörbuch abgespielt wird. Durch die Kopplung des auditiven und visuellen Kanals wird eine spürbare Verbesserung der eigenen Leseflüssigkeit deutlich.

Wie Willenberg bemerkt, verfügt „ein Mensch mit einem sehr großen **Wortschatz** […] über ein großes Repertoire von generellen Einträgen in seinem inneren Lexikon und […] kann die verschiedenen diffizilen Nuancen unterscheiden […]" [Hervorhebungen vom Verfasser][79]. Gerade dies ist schon auf lokaler Ebene eine wichtige Fähigkeit, da erst durch das bewusste *Wissen um die Wortbedeutung* schnelle Dekodierung des Geschriebenen möglich wird. Wie in Kapitel 3.1 erarbeitet, sind Sachtexte von literarischen Texten auch durch die Kriterien der sprachlichen Gestaltung zu unterscheiden. So enthalten sie fachsprachliche Elemente, neigen zu Nominalisierung und sind

---

[77] Für das *Reihumlesen*, also das Lesen kürzerer Texte, verbleibt im Unterricht nach Rosebrock; Nix: Grundlagen, Seite 39 zu wenig Lesezeit für den Einzelnen.
[78] Zur Vertiefung bietet sich der Überblick von Rosebrock; Nix, Seite 39-44 an.
[79] Willenberg, Heiner: Der vergessene Wortschatz. In: Willenberg, Heiner (Hrsg.): Kompetenzhandbuch für den Deutschunterricht. Auf der empirischen Basis des DESI-Projekts. Schneider Verlag. Hohengehren 2007, Seite 148.

sprachlich häufig stark verdichtet. Durch diese Eigenschaften wird deutlich, dass insbesondere bei Sachtexten ein gut ausgebildeter Wortschatz nötig ist, um nicht ständig Lexika zu konsultieren und den Lesefluss dadurch zu stören. [80] Ferner bringt ein ausgebreitetes (Fach-)Vokabular die Sachtexte in die Alltagswelt der Lesenden, weil sie häufig bei Entdeckung eines neu erlernten Wortes in der/ihrer *Wirklichkeit* an den Kontext des Textes denken werden. Methodisch kann gerade dieser Punkt leicht in das ständige Unterrichtskonzept der Lehrperson eingearbeitet werden, indem beispielsweise eigenständige Glossare von den Gruppen im Rahmen des kooperativen Lernens erstellt werden. Jede Gruppe könnte sich für bestimmte Buchstaben *verantwortlich* fühlen, sodass sukzessive ein alpha-betisches Kompendium – möglicherweise als Online-Dokument für jeden Schüler am heimischen PC – erstellt wird.

Erst wenn die ersten Kompetenzstufen, nämlich das graphische Dekodieren und Bilden lokaler Kohärenz erreicht ist, kann davon ausgegangen werden, dass der Schüler die **technischen** Grundmuster des Lesens beherrscht. Ab diesem Zeitpunkt ist es sinnvoll auf explizite Förderung beim Verständnis von Sachtexten einzugehen.

6.2.2 Förderung auf Ebene der hierarchiehohen Prozesse

Wie in Kapitel 2.3 angemerkt, laufen die hierarchieniedrigen und –hohen Prozesse gleichzeitig ab - die hierarchiehohen Prozesse beginnen also nicht erst, wenn die hierarchieniedrigen abgeschlossen sind. Dies hat im Rahmen des Förderungskonzepts zur Folge, dass selbst wenn auf Ebene der hierarchiehohen Prozesse von den SuS geübt wird, dennoch auch gleichzeitig die hierarchieniedrigen Prozesse miteinbezogen werden.

So ist meiner Ansicht nach der Bereich der Anschlusskommunikation zur Förderung der Lesekompetenzen wesentlich. Hierbei ist der Leser gefordert, die gelesenen Inhalte mittels verschiedenster Methodik für andere Schüler zugänglich zu machen. Dabei halte ich die Form des Unterrichtsgesprächs

---

[80] Konkrete Unterrichtsvorschläge sind zu finden bei Willenberg: Wortschatz, Seite 152-156.

für weniger sinnvoll, weil dort ständig damit zu rechnen ist, dass sich die schon schwächeren SuS zurückziehen und dort keine Fortschritte erzielen.

Um sämtliche SuS mit einzubeziehen bieten sich hier Formen des kooperativen Lernens an.[81] Dabei können zum einen Texte von leichterem Schwierigkeitsgrad an die leseschwachen SuS zur Ausarbeitung ausgeteilt werden; die stärkeren SuS erhalten zu anderen dementsprechend schwierigere Texte. Besonders ist darauf zu achten, dass sich die Texte inhaltlich einander bedingen, also dass wichtige Informationen in beiden Textvarianten vorhanden sind; der Aufbau der *komplexeren* Texte gleicht den sonst schwer zu verstehenden; die weniger komplexen Texte enthalten dafür weniger oder leichter einzuordnende makrostrukturelle Element. In der Anschlusskommunikation ergeben sich Vorteile für heterogene Gruppenverhältnisse. So sind *gute* Leser dazu imstande, den *schlechten* Lesern Hilfe beim Textverständnis zu geben. Weil sämtliche Gruppenmitglieder allerdings zum Gelingen des Ergebnisses beitragen müssen, sind auch die *schlechten* Leser damit konfrontiert, ihre Textteile korrekt vorzustellen. Um dies zu erleichtern haben Gerhard Rupp und Helge Bonholt ein Konzept entwickelt, durch das die SuS „Mit dem Stift zum Sinn" gelangen, also in dem Schreiben als Lesestrategie vorgeschlagen wird.[82] Sinnvoll ist dies, wenn den SuS zunächst diese schriftlichen Techniken gelehrt werden und sie sich dabei an konkrete formale Schemata bei der grafischen Bearbeitung des Textes halten müssen. Hierbei werden die SuS bewusst dazu angeleitet auf Makrostrukturen und globale Kohärenz zu achten, indem aufeinander aufbauende Sachverhalte durch die Markierung miteinander in Beziehung gesetzt werden. [83] Durch die dadurch erreichte Gliederung ist es nun möglich mittels der angesprochenen kooperativen Lernprozesse eigens entwickelte Schaubilder zu erstellen und diese von der Gesamtklasse bewerten zu lassen.

---

[81] Grundlegende Konzepte zum Kooperativen Lernen sind zu finden in: Brüning, Ludger; Saum, Tobias: Erfolgreich unterrichten durch Kooperatives Lernen. NDS Verlag. Essen ³2007.

[82] vgl. Rupp, Gerhard; Bonholt, Helge: Mit dem Stift zum Sinn. Schreiben als Lesestrategie. In: Praxis Deutsch. Jahrgang 31. Heft 187. Erhardt Friedrich Verlag. Velber 2004, Seite 48.

[83] Bonholt; Rupp: Schreiben als Lesestrategie, Seite 48.

Schon anhand dieser Ansätze lässt sich zeigen, dass Schule als „Institution zur Herstellung von Anschlusskommunikation an Texte"[84] elementar zum Leseverständnis beitragen muss.

6.3 Langzeitförderung

Sämtliche bisher erläuterten Förderungsansätze sind nur erfolgsversprechend, wenn die Anwendung langfristig geschieht. So müssen die Lesenden ständig davon überzeugt werden, dass diese schwierige Tätigkeit einen Sinn verspricht.

Hierauf baut Richard Bamberger mit der These „Lesen lern man durch Lesen"[85] auf. In der von ihm entwickelten *Lese- und Lernolympiade* ist besonderer Wert darauf gelegt, dass die SuS mindestens 100 Seiten Text pro Woche lesen **müssen**. Dabei ist gleichgültig, um welche Art von Literatur es sich handelt. Diejenigen SuS, die sich besonders viel Mühe beim Lesen gegeben haben[86], werden gesondert im Unterricht geehrt. Dieser *Zwang* zeigt in Österreich bereits den Erfolg, dass die Lesekompetenz der SuS bezogen auf die Ergebnisse der PISA-Studie weitaus besser als die der deutschen SuS eingeschätzt wird. Ob hier bereits ein kausaler Zusammenhang von der Wirkung des Programms herzustellen ist, bleibt offen. Dennoch können Programme dieser Art auch im deutschen Schulunterricht Anwendung finden. Anzumerken ist dabei allerdings, dass solche Vielleseverfahren nicht direkt zur Folge haben müssen, dass die SuS dadurch ein besseres Textverständnis entwickeln.[87] Es scheint durchaus sinnvoll, solche Projekte zur aktiven Lesebereitschaft zu fördern und zu integrieren. Besonders der Aspekt, dass ein sportlicher Wettkampf (*Olympiade*) als *Appetizer* für dieses Vielleseprogramm gewählt werden kann, scheint prädestiniert für die kindgerechte Verwendung in der Unterstufe. Dadurch entwickeln sich durchaus motivationale Antriebe, die die Beschäftigung mit der zu erlangenden Kompetenz zur Folge haben.

---

[84] Rosebrock: kognitive Dimension des Lesens.
[85] Bamberger, Richard. Erfolgreiche Leseerziehung in Theorie und Praxis. Wien und Baltmannsweiler 2000. Zitiert nach Lange: Lese- und Lernolympiade, Seite 41.
[86] z. B. Erhöhung der Seitenzahl: relative Steigerung, absolute Steigerung, u.v.m.
[87] vgl. Rosebrock; Nix: Grundlagen, Seite 56.

Einbezogen werden muss ferner das **gesamte** Lehrerkollegium insofern, dass diesem verdeutlicht wird, welch hohe Bedeutung dem Leseprozess als solchem zu Teil werden muss. Hier können vor allem Programme hervorgehoben werden, in denen die Lehrer einer Klasse zu Beginn des Schuljahres vereinbaren, was fächerübergreifend in der Leseförderung erreicht werden muss. Hierbei bietet es sich an, eine Lehrperson zu finden, die in der Lage ist, abweichende Lehrermeinungen zu diskutieren und in Richtung des Ziels zu verwandeln.

6.4 Resümee & Anwendungsbeispiel

Durch die kritische Betrachtung und sich daraus ergebende Entwicklung eigener Förderungsansätze konnte deutlich werden, dass in der Leseförderung für SuS der Unterstufe der Sekundarstufe I vor allem darauf geachtet werden muss, dass sich die theoretischen Befunde zu einem Gesamtkonzept ergänzen. Das folgende Schaubild zeigt genau diesen Aspekt:

Prozessebene	Subjektebene	Soziale Ebene
Flüssiges Vorlesen	Vielleseverfahren	Anschlusskommunikation
Wortschatz erweitern		Kooperatives Lernen
Hörbücher im Deutschunterricht		Schriftliche Texterschließung
Erarbeitung theoretischer Inhalte (Wie funktioniert *Lesen*?)		
Zusammenarbeit im Kollegium		
Ziel: Mentale Textrepräsentation		

Offenkundig lassen sich weitere Ansätze finden, durch die diese Matrix erweitert werden kann; wichtig ist hierbei dennoch, dass sämtliche Ebenen für alle SuS gleichermaßen gefördert werden – und zwar auf eine Weise, dass auch *gute* Leser von der Förderung profitieren. Im Folgenden wird eine Beispielanwendung skizziert, die diese Aspekte umfasst und so in der Praxis zu einem umfassenden Förderungskonzept führt.

In einer Unterrichtsreihe der Unterstufe könnte fächerübergreifend ein (schulinternes) *Podcastangebot* von Schülern für Schüler geschaffen werden.

Inhaltlich werden Themen des jeweiligen Lehrbuchs von den SuS so auf-bereitet, dass neue Informationen zu den im Lehrbuch bereits vorhandenen mittels weiterer Literatur erschlossen werden müssen. Durch diese - durch die spätere Veröffentlichung der Ergebnisse motivierte - tiefergehende Recherche ergibt sich, dass die SuS zunächst erhebliche Textmengen lesen müssen, um interessante von uninteressanten Inhalten abgrenzen zu können. Die Literatur dazu wird innerhalb von Kleingruppen von der Lehrperson leistungsgerecht aufgeteilt, sodass mittels kooperativen Lernens alles SuS der Gruppe gefordert werden. Methodisch können die SuS angeleitet werden, schriftlich ihre erarbeiteten Inhalte zu fixieren. Schließlich können mithilfe der Lehrperson die stichpunktartigen Entwürfe zu geeigneten Texten formuliert werden. Sobald diese Texte entstanden sind, haben die SuS die Aufgabe, anhand von öffentlichen Kinder-Radiosendungen zu erlernen, auf welche Weise die dortigen Sprecher ihre Texte vortragen. Der finale Schritt in diesem Programm ist nun das sprechbewusste Vortragen mittels digitaler Medien (Tonaufnahme → Internetangebot), sodass schließlich die erarbeiteten Inhalte für die gesamte Jahrgangsstufe zur Verfügung stehen. Langfristig könnten die *schwächeren* Leserinnen und Leser dazu aufgerufen werden, über die Unterrichtsreihe hinaus einer Arbeitsgemeinschaft beizuwohnen, durch die dieses Projekt dauerhaft aktuell gehalten wird.

Schon dieser kurze Abriss zeigt, wie vielfältig die Möglichkeiten von Lese-förderung sind. Inhaltlich können Podcastreihen dieser Art durch curriculare Vorgaben in den Unterricht eingebunden werden.

Im Bezug auf das hier vorgeschlagene Leseförderungskonzept kann demnach festgestellt werden, dass es auf Basis der theoretischen Hintergründe in der Praxis durchaus funktionsfähig erscheint und auch in den Unterricht zu integrieren ist.

7 Fazit

Die eingangs dargestellten PISA-Ergebnisse machen deutlich, dass in Deutschland Förderungsprojekte an Schulen für die SuS entstehen müssen. Zu einem hohen Anteil ergeben sich bereits auf Ebene der hierarchieniedrigsten Prozesse Probleme, sodass auch weniger SuS die hierarchiehöheren Prozessstufen erreichen konnten. Damit es überhaupt möglich ist, vor allem bei Sachtexten hierarchiehöhere Strukturen zu erreichen und zu automatisieren, stellt die Gegenüberstellung *literarischer Text* vs. *Sachtext* eine Möglichkeit dar, herauszufinden, aus welchen Gründen sich die Sachtextrezeption als schwieriger erweist. Hierbei konnte zusammenfassend entwickelt werden, dass die Sachtexte i.d.R. kognitiv schwieriger zu verarbeiten und somit auch gerade für schlechte Leser größere Hindernisse darstellen, als die Rezeption literarischer Texte. Hieraus ist folgerichtig zu schließen, dass gerade die Förderung der kognitiven Fähigkeiten der SuS im Vordergrund stehen muss.

In der praktischen Erarbeitung ist deutlich geworden, dass das stellvertretend analysierte Konzept Schwächen im Hinblick auf die hierarchieniedrigen Prozesse zeigt, durch die vor allem die schwächsten SuS benachteiligt werden. Um aus den erläuterten konzeptuellen Schwächen der *Textdetektive* zu lernen, bieten sich die erarbeiteten Strategien an, gerade den schwächsten SuS individuelle Förderungen zukommen zu lassen. Diese individuelle Förderung ist es, die durch Mehrarbeit auf Seiten der Lehrperson geschehen **muss**, damit auch die schwächsten SuS, die möglicherweise aus buch- und bildungsfernen Haushalten stammen, zu dem Medium *Buch*, insbesondere dem Sachtext, hingeführt werden, damit die Institution Schule überhaupt ihre Ziele für ein breites Spektrum an SuS erreichen kann. Natürlich müssen in diesem Zusammenhang sowohl die weiteren Fachlehrer, als auch Eltern und Schüler mit einbezogen werden, damit eben diese Förderung die SuS zu lesekompetenten SuS macht.

Somit ist aus dieser Arbeit vor allem zu schließen, dass individuelle Leseförderung, ausgiebige Zusammenarbeit im Lehrerkollegium und reflektierter Umgang mit Lesestrategiekonzepten dafür sorgen können, dass die SuS jetzt und in künftigen Generationen die durch PISA festgestellten Probleme bewältigen können.

8 Literaturverzeichnis

Monographien

Bamberger, Richard. Erfolgreiche Leseerziehung in Theorie und Praxis. Wien und Baltmannsweiler 2000.

Brüning, Ludger; Saum, Tobias: Erfolgreich unterrichten durch Kooperatives Lernen. NDS Verlag. Essen ³2007.

Gold, Andreas: Lesen kann man lernen. Lesestrategien für das 5. und 6. Schuljahr. Vandenhoeck & Ruprecht Verlag. Göttingen 2007.

Lange, Reinhardt: Die Lese- und Lernolympiade. Aktive Leseerziehung mit dem Lesepass nach Richard Bamberger. Leitfaden für eine erfolgreiche Umsetzung. In: Lange, Günter; Ziesenis, Werner (Hrsg.): Deutschdidaktik aktuell. Band 27. Schneider Verlag. Hohengehren 2007.

Merkens, Hans: Lehrerbildung: IGLU und die Folgen. Leske + Budrich. Opladen 2004.

Rosebrock, Cornelia; Nix, Daniel: Grundlagen der Lesedidaktik und der systematischen schulischen Leseförderung. Schneider Verlag. Hohengehren 2008.

Aufsätze aus Sammelbänden und Zeitschriften

Artelt, Cordula; Stanat, Petra; Schneider, Wolfgang; Schiefele, Ulrich: Lesekompetenz: Testkonzeption und Ergebnisse. In: Baumert, Jürgen et. al. (Hrsg.) (=Deutsches PISA-Konsortium): PISA 2000. Basiskompetenzen von Schülerinnen und Schülern im internationalen Vergleich. Leske + Budrich. Opladen 2001. Seite 69-141.

Baurmann, Jürgen; Müller, Astrid: Sachbücher und Sachtexte Lesen. In: Praxis Deutsch. Jahrgang 32. Heft 189. Erhardt Friedrich Verlag. Velber 2005. Seite 6-14.

Christmann, Ursula; Groeben, Norbert: Anforderungen und Einflussfaktoren bei Sach- und Informationstexten. In: Groeben, Norbert; Hurrelmann, Bettina (Hrsg.): Lesekompetenz. Bedingungen, Dimensionen, Funktionen. Juventa Verlag. Weinheim und München ²2006. Seite 150-173.

Christmann, Ursula; Richter, Tobias: Lesekompetenz: Prozessebenen und interindividuelle Unterschiede. In: Groeben, Norbert; Hurrelmann, Bettina (Hrsg.): Lesekompetenz. Bedingungen, Dimensionen, Funktionen. Juventa Verlag. Weinheim und München ²2006. Seite 25-58.

Dehn, Mechthild, Payrhuber, Franz-Josef; Schulz, Gudrun; Spinner, Kaspar H.: Lesesozialisation, Literaturunterricht und Leseförderung in der Schule. In: Franzmann, Bodo et. al. (Hrsg.): Handbuch Lesen. Im Auftrag der Stiftung Lesen und der Deutschen Literaturkonferenz. Schneider Verlag. 2. unveränderter Nachdruck Hohengehren 2006. Seite 568-637.

Hurrelmann, Bettina: Prototypische Merkmale der Lesekompetenz. In: Groeben, Norbert; Hurrelmann, Bettina (Hrsg.): Lesekompetenz. Bedingungen, Dimensionen, Funktionen. Juventa Verlag. Weinheim und München ²2006. Seite 275-288.

Rosebrock, Cornelia: Lesesozialisation und Leseförderung – literarisches Leben in der Schule. In: Kämper van den Boogaart, Michael (Hrsg.): Deutsch Didaktik. Leitfaden für die Sekundarstufe I und II. Cornelsen Scriptor. Berlin 2003. Seite 153-174.

Rupp, Gerhard; Bonholt, Helge: Mit dem Stift zum Sinn. Schreiben als Lesestrategie. In: Praxis Deutsch. Jahrgang 31. Heft 187. Erhardt Friedrich Verlag. Velber 2004. Seite 48-51.

Spinner, Kaspar H.: Lese- und literaturdidaktische Konzepte. In: Dehn, Mechthild et. al.: Lesesozialisation, Literaturunterricht und Leseförderung in der Schule. In: Franzmann, Bodo; Hasemann, Klaus; Löffler, Dietrich; Schön, Erich (Hrsg.): Handbuch Lesen. Im Auftrag der Stiftung Lesen und der Deutschen Literaturkonferenz. Schneider Verlag. 2. unveränderter Nachdruck Hohengehren 2006. Seite 593-601.

Spinner, Kaspar H.: Lesekompetenz in der Schule. In: Artelt, Cordula et. al. (Hrsg.): Struktur, Entwicklung und Förderung von Lesekompetenz. Vertiefende Analysen im Rahmen von PISA 2000. Verlag für Sozialwissenschaften. Wiesebaden 2004. Seite 125-138.

Willenberg, Heiner: Kompetenzen. In: Willenberg, Heiner (Hrsg.): Kompetenzhandbuch für den Deutschunterricht. Auf der empirischen Basis des DESI-Projekts. Schneider Verlag. Hohengehren 2007. Seite 7-10.

Willenberg, Heiner: Der vergessene Wortschatz. In: Willenberg, Heiner (Hrsg.): Kompetenzhandbuch für den Deutschunterricht. Auf der empirischen Basis des DESI-Projekts. Schneider Verlag. Hohengehren 2007. Seite 146-156.

Herausgeberschriften

Baumert, Jürgen; Klieme, Eckhard; Neubrand, Michael; Prenzel, Manfred u.a. (=Deutsches PISA-Konsortium) (Hrsg.): PISA 2000. Basiskompetenzen von Schülerinnen und Schülern im internationalen Vergleich. Leske + Budrich. Opladen 2001.

Groeben, Norbert; Hurrelmann, Bettina (Hrsg.): Lesekompetenz. Bedingungen, Dimensionen, Funktionen. Juventa Verlag. Weinheim und München ²2006.

Franzmann, Bodo; Hasemann, Klaus; Löffler, Dietrich; Schön, Erich (Hrsg.): Handbuch Lesen. Im Auftrag der Stiftung Lesen und der Deutschen Literaturkonferenz. Schneider Verlag. 2. unveränderter Nachdruck Hohengehren 2006.

Kämper van den Boogaart, Michael (Hrsg.): Deutsch Didaktik. Leitfaden für die Sekundarstufe I und II. Cornelsen Scriptor. Berlin 2003.

Lange, Günter; Ziesenis, Werner (Hrsg.): Deutschdidaktik aktuell. Band 27. Schneider Verlag. Hohengehren 2007.

Schiefele, Ulrich; Artelt, Cordula; Schneider, Wolfgang; Stanat, Petra (Hrsg.): Struktur, Entwicklung und Förderung von Lesekompetenz. Vertiefende Analysen im Rahmen von PISA 2000. Verlag für Sozialwissenschaften. Wiesebaden 2004.

Smolka, Dieter (Hrsg.). Motivation und Mitarbeiterführung in der Schule. Luchterhand. Neuwied 2000.

Willenberg, Heiner (Hrsg.): Kompetenzhandbuch für den Deutschunterricht. Auf der empirischen Basis des DESI-Projekts. Schneider Verlag. Hohengehren 2007.

Internetdokumente

Bundesministerium für Familie, Senioren Frauen und Jugend (2004): "Wer liest, besitzt den Schlüssel zu großen Taten". Online verfügbar unter http://www.bmfsfj.de/bmfsfj/generator/BMFSFJ/Service/Archiv/15-Legislaturperiode/pressemitteilungen,did=20952.html *[zuletzt aktualisiert am 07.10.2004, zuletzt geprüft am 20.01.2009]*.

Baumert, Jürgen; Klieme, Eckhard; Neubrand, Michael; Prenzel, Manfred u.a. (=Deutsches PISA-Konsortium) (Hrsg.): PISA 2000: Die Studie im Überblick. Grundlagen, Methoden und Ergebnisse. Max-Planck-Institut für Bildungsforschung. Berlin 2007, Online verfügbar unter http://www.mpib-berlin.mpg.de/pisa/PISA_im_Ueberblick.pdf *[zuletzt geprüft am 20.01.2009]*.

Rosebrock, Cornelia: Reading Literacy und Lesekompetenz. Die kognitive Dimension des Lesens und die innere Beteiligung des Lesers. Online verfügbar unter http://www.lesen-in-deutschland.de/html/content.php?object=journal&lid=778 *[zuletzt aktualisiert am 23.11.2007, zuletzt geprüft am 20.01.2009]*